Vom Glück des stillen
Seins

MEINE 22 BESTEN MEDITATIONEN

Michaela Merten

Inhalt

Vorwort 4

Einleitung 6

Entspannung und Weiterentwicklung 6

Die richtige Vorbereitung 6

Gutes Beginnen 7

Selbstvertrauen 9

Ich vertraue meinen Fähigkeiten 10

Ich vertraue mir selbst 14

Ich bin stark 18

Selbstliebe 21

Ich bin liebenswert 22

Mein Körper lächelt 26

Ich bin schön 30

Loslassen 33

Ich lasse los, was mich belastet 34

Das Feuer der Transformation 38

Ich lasse los und entspanne mich 42

Der Wasserfall der Reinheit 46

Achtsamkeit 49

Achtsamkeit für meinen Körper 50

Achtsamkeit für meinen Alltag 54

Achtsamkeit für Veränderungen 58

Glücklich sein 61

Das Meer und der Delfin 62

Das Glück liegt in meinem Herzen 66

Der Schatz in mir 70

Körperliebe 73

Mein lichtvoller Körper 74

Dankbarkeit für meinen Körper 78

Ich bin leicht 82

Mehr Erfolg 85

Der Weg des Erfolges 86

Meine innere Weisheit 90

Meine Freiheit spüren 94

Impressum 96

Vorwort

Gelassenheit? Innere Ruhe? In Frieden mit mir und meinem Umfeld sein?

Geht das so einfach? Die Antwort lautet ganz klar „Ja"!

Das Zauberwort, um dies zu erreichen, heißt: Meditation.

Nun hat natürlich jeder Mensch bei diesem Begriff etwas anderes im Kopf. Einige verbinden damit stundenlanges Sitzen in einer unbequemen Haltung und lehnen das schon von vornherein ab. Andere glauben, dass man beim Meditieren „an nichts denken" darf – wer das geschafft hat, soll sich bitte bei mir melden – wenn er überhaupt noch auf der Erde weilt und nicht schon in den Himmel aufgestiegen ist. Manche werden von so einer Gedankenflut überrollt, dass sie überzeugt sind, sie „können" nicht meditieren. Und wieder andere schlafen bei den ersten Versuchen ein und glauben, es hätte nichts genützt.

Nun, du ahnst es wahrscheinlich schon … meditieren geht ganz anders, als man gemeinhin denkt. Vor allen Dingen hat es nichts mit „Können" oder gar mit „Leistung" zu tun.

Es gibt unzählige Meditationsformen. Wenn du zu hibbelig bist, kannst du „Walking-Meditation" machen – manche nennen es auch Joggen. Vielleicht findest du eher deine Ruhe bei Qigong-Übungen. Wenn du Schwierigkeiten hast, still zu sein, kannst du deine Innenschau durch Singen begleiten.

Jeder sollte seine eigene Art zu meditieren finden – und sich nicht mit anderen vergleichen. Das Meditieren ist so individuell wie der Meditierende selbst.

Ich persönlich liebe die geführte Meditation am meisten. Ich mag es einfach, in schöne Bilder einzutauchen, angenehme Geschichten erzählt zu bekommen – oder in meinem eigenen kleinen Film herumzuspazieren. Da diese Form auch von unseren Seminarteilnehmern geliebt wird, habe ich meine 22 liebsten Meditationen für dich zusammengestellt. Sie entwickelten sich teilweise in den verschiedenen Seminaren und teilweise entstanden sie in der Natur.

All diese Meditationen spenden Kraft, geben Hoffnung und erhöhen die eigene Schwingung. Wenn du dich auf sie einlässt und im entspannten Zustand auf dich wirken lässt, dann können sich die positiven Überzeugungen und Affirmationen am besten in deinem Unterbewusstsein manifestieren.

Du kannst dir die Meditationen in deinem Rhythmus selbst auf Band sprechen oder die lange Version bei iTunes downloaden. Wenn du in einem therapeutischen Beruf arbeitest, Atem- oder Meditationslehrer bist, dann kann dieses Buch dir eine sehr hilfreiche Unterstützung bei der Arbeit mit deinen Klienten sein.

Wesentlich ist es zu wissen, dass wir am Anfang immer von einer Flut an Gedanken und Gefühlen überschwemmt werden. Das ist ganz logisch, denn das Meditieren ist eine Innenschau – und wann haben wir uns das letzte Mal wirklich mit uns selbst beschäftigt? Wann haben wir uns die Zeit genommen? Wann haben wir einen inneren Dialog geführt und die Dinge, denen wir uns täglich stellen dürfen, wirklich verarbeitet?

Nun, damit das Fass nicht überläuft, achte ab jetzt darauf, die Verarbeitung deiner Lebensthemen anzupacken und dir diese ehrlich anzuschauen. Hinschauen, nach Innen schauen, durch das Verständnis für sich selbst gelassener werden, sich so zu akzeptieren, wie man ist – und doch immer in Bewegung zu bleiben, Veränderungen zuzulassen und das Leben zu bejahen. Was gibt es Schöneres?

Michaela Merten

Entspannung und Weiterentwicklung

Meditation hat etwas mit Entspannung zu tun: Du gönnst dir den Raum für dich selbst, findest in deine Mitte zurück und kommst innerem Frieden mit jedem Mal ein Stückchen näher. Das Meditieren hat so viele Vorteile, dass es schön wäre, wenn du dieses kleine Ritual von Rückzug und Stille jeden Tag durchführen könntest.

Wissenschaftler haben nämlich festgestellt, dass Meditation einen Einfluss auf unsere Gehirnströme hat und auch nachhaltig die Immunabwehr stärken kann. Menschen, die regelmäßig meditieren, wirken gelassener und können mit den Herausforderungen des Alltags besser umgehen. Sie haben ihre Emotionen ganz anders im Griff und finden schneller zu innerem Gleichgewicht zurück. Die innere Ruhe, die Langzeitmeditierende ausstrahlen, macht sie zu einer starken, souveränen Persönlichkeit.

Neurowissenschaftler stellten fest, dass sich bei einer fokussierten Meditation, die auf ein Bild oder ein Mantra ausgerichtet ist, andere Aktivitätsmuster im Gehirn zeigen als zum Beispiel bei einer Achtsamkeitsübung. Das bedeutet, Meditation verändert nachweislich die Gehirnstruktur. Das Schöne ist: Das Gehirn lässt sich bis ins hohe Alter verändern. Du kannst neue neuronale Muster bilden, neue Funktionen und Fähigkeiten erlernen oder alte Muster willentlich verändern. Dadurch kannst du auch deine Gefühle und Gedanken verändern. Der Nutzen, sich regelmäßig mit dem Glück des stillen Seins auseinanderzusetzen, liegt auf der Hand: Du wirst friedlicher, gelassener und glücklicher – dafür lohnen sich die 20 Minuten Rückzug täglich, oder?

Die richtige Vorbereitung

Zieh dir am besten etwas Bequemes an, das dich nirgendwo einengt. Dann solltest du dich in einen Raum zurückziehen, den man abschließen kann, und dort alle technischen Geräte ausschalten. Falls du vorhast, im Liegen zu meditieren, wähle eine bequeme und warme Unterlage. Wenn du lieber im Sitzen meditierst, achte darauf, dass du möglichst aufrecht und entspannt zugleich sitzt. Die Raumtemperatur sollte angenehm sein, denn es macht überhaupt keinen Spaß, während der Meditation zu frieren … Wichtig ist, dass du dich richtig wohlfühlst und dich vollkommen der Entspannung hingeben kannst.

Gutes Beginnen

Der ideale Zeitpunkt zum Meditieren ist gleich nach dem Aufstehen. Denn durch die Meditation wird der Geist wach und frisch und du beginnst den Tag bereits ganz gelassen und zentriert. Du kannst natürlich genauso gut abends meditieren, um dich vom Alltag zu lösen. Finde einfach den für dich besten Zeitpunkt zum Meditieren heraus, und bleib mindestens drei Wochen lang dabei – dann wird es automatisch zu einer positiven Gewohnheit.

Jede Meditation fängt auf die gleiche Weise an, deshalb habe ich hier einen Einstieg für dich vorbereitet, mit dem du jede Meditation beginnst:

Setze oder leg dich bequem hin, schließe die Augen und fühle, wie dein Körper immer tiefer in die Entspannung hineinsinkt. Mit jedem Atemzug lässt dein Körper mehr von seiner Anspannung los.

Lege deine Hand auf den Unterbauch und atme tief und gleichmäßig ein und aus. Ein und aus, ein und aus. Sei vollkommen entspannt und beobachte eine Zeit lang nur deinen Atem. Er fließt ruhig und gleichmäßig. Ein und aus, ein und aus, ein und aus.

Die Gedanken, die entstehen, dürfen hochkommen. Schenke ihnen keine Aufmerksamkeit, lass sie vorbeiziehen wie Wolken am Himmel. Deine Aufmerksamkeit ist voll und ganz auf den Atem konzentriert. Lass ihn ruhig und gleichmäßig fließen …

An dieser Stelle kannst du nun die Meditation deiner Wahl beginnen …

❊ *Ich vertraue meinen Fähigkeiten* ❊

Dein Körper ist vollkommen entspannt. Nun sag dir: *Ich bin in meiner Mitte.*

Welche Gedanken tauchen bei diesem Satz auf? Wenn es negative, bewertende Gedanken sind, schick sie einfach weg, wie unliebsame Besucher. Wiederhole noch einmal: *Ich bin in meiner Mitte.* Sag diesen Satz ein paarmal, bis du das Gefühl hast, du glaubst ihn.

Wenn du das Gefühl hast, du könntest weitergehen, dann sag dir jetzt: *Ich vertraue mir und meinen Fähigkeiten.*

Lass alle Gedanken hochkommen, die du als Kommentar dazu vernimmst. Verneinende Gedanken lass einfach vorüberziehen. Sie verlieren ihren Einfluss auf dich. Wiederhole den Satz: *Ich vertraue mir und meinen Fähigkeiten.*

Liste innerlich all deine Fähigkeiten auf, die dir einfallen. Alle Dinge, die du gern tust, sind Fähigkeiten, die du entwickelt hast. Frage dein Selbst: *Was kann ich besonders gut?*

Halte den ersten Gedanken fest, der jetzt hochkommt. Nimm nur positive, dich unterstützende Gedanken auf – alle anderen schicke einfach weg. Nimm innerlich einen großen Farbstift und streiche sie einfach aus.

Sag dir immer wieder: *Ich habe ganz besondere Fähigkeiten, die nur ich auf meine Art und Weise ausleben kann.*
Meine Art, die Dinge zu tun und zu sehen, ist einzigartig, sie ist mein Reichtum, aus dem ich schöpfe.
Ich bin verbunden mit mir und meinen Fähigkeiten. Ich erlaube mir, mein Potenzial zu entfalten.
Ab jetzt beginne ich damit, meine Fähigkeiten zu sehen und zuzulassen.

Überlege: Was möchtest du am liebsten tun? Nimm diesen Gedanken auf und verfolge ihn weiter. Was möchtest du als Nächstes umsetzen? Du kannst sicher sein, dass du die Fähigkeit dazu hast oder sie entwickeln wirst, wenn du sie NOCH nicht hast. Wo deine Sehnsucht dich hinzieht, liegt dein größter Schatz verborgen. Dort befindet sich aber auch deine größte Angst. Wovor hast du Angst? Spüre kurz in diese Angst hinein und bedanke dich bei ihr. Sag ihr: *Danke, dass du mich daran erinnerst, umsichtig zu sein – ich gehe ab jetzt meinen eigenen Entwicklungsweg.*
Sag dir: *Ich habe die Kraft und Energie für die nächsten Schritte. Ich entscheide mich, einfach anzufangen.*
Ich bin kraftvoll und voller Energie. Ich bin liebenswert.
Meine Ideen sind wertvoll und einzigartig.
Ich zeige mich ab jetzt in meiner Vollständigkeit.
Mein innerer Reichtum offenbart sich jetzt.
Ich bin von Menschen umgeben, die meine Fähigkeiten erkennen und anerkennen. Sie akzeptieren mich, wie ich bin, und auch ich akzeptiere mich, wie ich bin.
Ich lasse Entwicklung zu. Voller Freude konzentriere ich mich auf den inneren Reichtum, den ich tief in mir spüre.
Ich bin in meiner Mitte und bejahe meine Einzigartigkeit.

Lenke deine Aufmerksamkeit wieder auf deinen Atem. Spüre, wie er ruhig und gelassen fließt. Mit jedem Einatmen spürst du deine Einzigartigkeit und Freude und mit jedem Ausatmen lässt du negative Gedanken über dich los.

Lenke zum Abschluss die Aufmerksamkeit auf deinen Körper: Spüre, wie wohl du dich jetzt fühlst, und nimm dieses Bewusstsein in deinen Alltag mit.

❄ *Ich vertraue mir selbst* ❄

Du bist ganz entspannt. Es gibt nichts, was du tun musst, es gibt nichts, was wichtiger ist als du. Nur du bist jetzt wichtig.

Deine Wünsche und Bedürfnisse sind wichtig. Gibst du viel von deinen Bedürfnissen auf oder verdrängst sie? Hörst du zu wenig auf deine innere Stimme, die dich fragt: *Wo bist du? Wo findest du statt?*

Fühle, wie es dir dabei geht, wenn du alles andere tust, als dir zuzuhören. Lass alle Gefühle, die aufkommen, zu. Lass alle Bilder aufsteigen, die dir zeigen, wo du anderen mehr vertraut hast als dir selbst. All die Situationen, in denen du dich auf andere verlassen und ihnen Macht über dich zugestanden hast.

Sieh alles vor deinem geistigen Auge und stell dir vor, dies wäre ein Film und du wärest der Zuschauer. Stell dir vor, wie der Film immer unwichtiger für dich wird. Alle Szenen des Films haben nichts mehr mit dir zu tun und in dir kommt das Gefühl hoch, *Nein* sagen zu wollen. Nein zu der Tatsache, dass du allen anderen mehr vertraust als dir selbst.

Sag: *Nein, ihr wisst es nicht besser als ich. Nein, ich will euch nicht mehr blind vertrauen. Nein, ich lasse mich nicht mehr manipulieren.*

Spüre eine Weile in dich hinein und lass die Gefühle von Wut, Traurigkeit und Hilflosigkeit vorbeiziehen. Atme ein paarmal tief ein und aus, bis du diese Gefühle loslassen kannst und sich ein Gefühl von Erleichterung einstellt.

Sag dir jetzt: *Gern höre ich auf eure Ratschläge, aber ich werde prüfen, ob sie für mich passen. Ich weiß selbst, was das Beste für mich ist.*

Sag dir noch einmal voller Überzeugung: *Ich weiß, was das Beste für mich ist. Ich bin voller Vertrauen in mich selbst.*
Ich vertraue meiner Intuition, meinen Ideen, meinen Handlungen.
Ich vertraue mir.

Meine Entscheidungen treffe ich voller Selbstvertrauen und liebevoller Achtsamkeit mir selbst gegenüber.
Ich gehe liebevoll mit mir und meinen Mitmenschen um, weil ich das tiefe Vertrauen habe, dass alles richtig ist, was ich tue.
Es fällt mir leicht, mich mit klaren Worten verständlich zu machen.
Alles, was ich bisher entschieden habe, ist gut und richtig. Es war mein Wissen zu jener Zeit. Jetzt entscheide ich aus meinem gestärkten Selbstvertrauen heraus.
Mein Umfeld nimmt meine Veränderung liebevoll wahr und gibt mir den Raum, mich weiterzuentwickeln.
Ich bin voller Zuversicht und gehe meinen Weg mit Freude und Leichtigkeit.
Ich bin wertvoll, ich erkenne diese Wahrheit an und lebe danach.

Lass all diese Sätze in dir nachklingen. Gib den neuen Gedanken genug Zeit und Raum, damit sie sich entfalten können. Lass deine Transformation ruhig und gelassen geschehen.

Schreib dir den Satz, der dich besonders berührt hat, auf, sag ihn dir den ganzen Tag über vor. Übe dich darin, Nein zu sagen, und hör auf, etwas jemandem zuliebe zu tun. Du kannst natürlich behilflich sein, wenn man dich darum bittet, aber spring nicht ungefragt in etwas hinein, wo du dich am Ende überfordert oder ausgenutzt fühlst.

Du kannst nun voller Selbstvertrauen Nein sagen und dich gut dabei fühlen. Du vertraust deinen Handlungen und Entscheidungen.

Lenke zum Abschluss deine Aufmerksamkeit wieder auf den Atem. Mit jedem Einatmen etabliert sich mehr Selbstvertrauen in deinem Körper und mit jedem Ausatmen lässt du mehr Fremdbestimmtheit los.

❋ *Ich bin stark* ❋

Du bist ganz ruhig und entspannt. Nun stell dir vor, wie beim Einatmen lichtvolle Energie über deine Füße durch den ganzen Körper bis zum Scheitel deines Kopfes fließt.

Jede Zelle deines Körpers ist durchdrungen von lichtvoller Energie. Spüre in deinen Körper hinein und atme weiter gleichmäßig ein und aus.

Du bist in deiner Mitte. Die Anforderungen des Tages lässt du hinter dir und sagst dir jetzt: *Ich bin liebevoll und stark.*

Stell dir dann vor, wie du in Kommunikation mit anderen Menschen trittst. Beobachte dich dabei, wie du sprichst, was du sagst, wie du gestikulierst. Was empfindest du dabei? Fühlst du dich angenommen? Fühlst du dich wohl? Kannst du deinen Standpunkt deutlich mitteilen? Was passiert, wenn du etwas sagst? Hört man dir zu? Sendest du klare Signale aus oder eher verschwommene Botschaften? Fällt es dir leicht zu sprechen oder würdest du lieber schweigen?

Was empfindest du? Lass dir Zeit, in dein Gefühl hineinzuspüren. Lass alle Gedanken und Gefühle zu, die in diesem Zusammenhang auftauchen. Wo fühlst du dich minderwertig? Wo fühlst du dich hilflos? Wo fühlst du dich ohnmächtig und klein? Spüre diesen Fragen nach …

Wie alt bist du, wenn du dich so hilflos und minderwertig fühlst? Atme ganz ruhig in dieses Gefühl hinein. Sag dir: *Ich bin verbunden mit meiner Kraft. Ich bin in meiner Mitte.*

Atme ruhig und gelassen weiter. Du erblickst dich nun als Kind, das in diesem Gefühl von damals verharrt. Geh für einen Moment in dieses Bild hinein – wo bist du jetzt? Hast du dich versteckt? Oder spielst du für dich allein? Beobachte eine Weile, was du tust und was du fühlst.

Lenke nun deine Aufmerksamkeit auf dich, als Erwachsenen. Sieh, wie du als Erwachsener dein inneres Kind umarmst. Spüre die Verbundenheit zwischen deinem jetzigen Selbst und deinem inneren Kind. Lass die Berührtheit hochkommen, die sich einstellt, wenn du diesen wichtigen Teil von dir zurückholst. Schenke dir ein Gefühl von Liebe und Geborgenheit.

Sag dem Kind, dass es liebenswert und wundervoll ist.
Sag ihm, dass es in Sicherheit ist und dass du mit ihm verbunden bist.

Spüre die Erleichterung, dass dein inneres Kind jetzt frei ist und du als erwachsene Person die gemeinsame Verantwortung übernimmst.

Lenke nun deine Aufmerksamkeit wieder auf die Situation, wie du kommunizierst. Gehe in dieses Bild mit deinem Bewusstsein des erwachsenen Menschen. Du bist in deiner Mitte, du bist in deiner Kraft.

Sag dir: *Ich wähle meine Worte voller Respekt und Achtung.*
Ich höre aufmerksam zu und mir wird aufmerksam zugehört.
Ich wähle liebevolle Worte und erhalte liebevolle Antworten.
Ich bin voller Selbstvertrauen und befinde mich in meiner Mitte.
Ich atme ruhig und gelassen in meinen Unterbauch,
dies gibt mir ein Gefühl von Stärke und Standhaftigkeit.

Spüre eine Weile in dieses Gefühl der inneren Stärke hinein. Fühle es in deinem ganzen Körper und genieße es.

Selbstliebe

Ich bin liebenswert

Du bist ganz entspannt. Beobachte nur weiterhin deinen Atem, wie er ruhig und gleichmäßig fließt. Leg eine Hand auf deine Herzgegend und lenke die Aufmerksamkeit dorthin.

Stell dir nun vor, wie aus deinem Herzen wunderschönes, strahlend helles Licht fließt. Spüre, wie es dir ganz warm ums Herz wird. Weite diese Lichtquelle langsam immer weiter aus.

Stell dir nun vor, wie sich aus deinem Herzen strahlendes Licht in alle Zellen deines Körpers ausbreitet. Sag zu dir selbst: *Ich bin liebenswert.*

Kannst du es voller Überzeugung sagen? Wiederhole diesen Satz jetzt noch einmal: *Ich bin liebenswert.*
Kannst du diese Wahrheit annehmen? Spüre in deinen Körper hinein. Regt sich Widerstand oder Zweifel? Was kommt hoch, was hindert dich daran, diese Wahrheit anzunehmen? Du bist es wert, geliebt zu werden – auf allen Ebenen!

Bleib im Atemrhythmus – nimm beim Ausatmen den Widerstand mit und lass mit jedem Atemzug ein Stückchen davon los.

Atme nun sehr tief ein, bis dein Brustkorb ganz gefüllt ist, und stoße die Luft schnell über den Mund aus. Wiederhole diesen Vorgang dreimal und spüre das Gefühl der Erleichterung, das sich mehr und mehr einstellt.

Wenn du nun das Hindernis oder den Zweifel ein Stück weit losgelassen hast, kehre mit deiner Aufmerksamkeit zu deiner Herzgegend zurück: Sag dir wieder ein paarmal: *Ich bin liebenswert.*

Sag es zunächst in Gedanken, dann wiederhole es laut. Sag es ruhig, bedacht und voller Überzeugung: *Ich bin liebenswert. Ich bin liebenswert. Ich bin liebenswert.*

Spüre das Glücksgefühl, das sich immer mehr in dir einstellt. Von deinem Herzen aus strahlt es in alle Körperbereiche hinein. Sag nun noch einmal voller Überzeugung zu dir selbst: *Ich bin es wert, geliebt zu werden.*

Fühle, ob es noch immer Zweifel an dieser Tatsache gibt. Betrachte sie bewusst und lass sie gehen, wie entfremdete Bekannte. Verabschiede sie und bedanke dich bei ihnen, dass sie den Job, dich von deinem wahren Selbst zu trennen, so gut gemacht haben. Jetzt brauchst du sie nicht mehr. Jetzt weißt du, dass du liebenswert bist. Stell dir vor, wie du vor ihnen stehst und zu ihnen sagst: *Ich bin liebenswert. Ich bin es wert, geliebt zu werden.*

Atme dabei tief und gleichmäßig ein und aus. Wiederhole diesen Satz mehrmals laut: *Ich bin es wert, geliebt zu werden.*

Spüre, wie dein ganzer Körper sich freut. Du hast nur darauf gewartet, dass du diese Wahrheit erkennen kannst. Jetzt ist der Moment gekommen, in dem du voller Überzeugung zu dir sagen kannst, dass du liebenswert bist.

Bleib noch eine Weile in diesem Glücksgefühl liegen und genieße es. Freu dich darüber, dass du dich für die Liebe geöffnet hast. Willst du geliebt werden, so gib dir zuerst selbst Liebe – und du bekommst sie tausendfach von anderen zurück. Liebe ist reine Freude im Sein.

Genieße diesen Augenblick, solange du möchtest. Er ist dein Geschenk an dich. Wenn du bereit bist, dann öffne die Augen, rekle dich wohlig und nimm das liebevolle Gefühl mit in den Tag.

Wenn du im Alltag spürst, dass du dabei bist, es zu verlieren, dann schließ die Augen, leg die Hand auf dein Herz und sag zu dir selbst: *Ich bin liebenswert.* Denn das ist die Wahrheit.

Mein Körper lächelt

Du bist völlig entspannt und konzentrierst dich weiterhin auf deinen Atem. Mit jedem Atemzug, den du nimmst, strömt neue Energie in dich ein.

Spüre, wie dein Körper langsam schwerer und schwerer wird. Er liegt ganz entspannt da. Spüre nun die Entspannung von den Füßen über die Beine, das Becken, den Rücken, die Schultern, den Hals, das Gesicht, den Kopf… Dein ganzer Körper fühlt sich friedlich und entspannt an. Genieße jetzt eine Zeit lang dieses Wohlgefühl.

Dein Atem fließt weiter ruhig und entspannt.
Lenke nun deine Aufmerksamkeit nach innen
in den Bauchraum. Stell dir vor, wie deine
inneren Organe zu lächeln beginnen.
Stell dir vor,
wie deine Leber lächelt…
wie deine Galle lächelt…
wie dein Magen lächelt…
…deine Bauspeicheldrüse…
…dein Darm…
…deine Nieren…
…deine Lunge…

Stell dir vor, wie alle deine
treuen Mitarbeiter in
deinem Bauch lächeln und
sich freuen. Sie lächeln so, dass
es fast kitzelt. Es kitzelt immer stärker.

Lass dieses Lächeln dich anstecken und sich überall in deinem Körper ausbreiten. Dein ganzer Körper lächelt und freut sich. Spüre diese lebendige Energie, die jetzt durch deinen Körper fließt.

Grinse über
beide Wangen und
lass die Freude immer
mehr Raum einnehmen. Mach diese Freude sichtbar.
Wenn du magst, kannst du anfangen,
dich zu strecken und zu bewegen.

Bewege dich in dieser Freude,
mit dieser Energie. Rolle auf
deiner Unterlage hin und her wie ein
glückliches Kind.

Setz dich mit diesem Glücksgefühl auf und öffne die Augen. Bleib sitzen und sieh umher. Erfreue dich an dem, was du siehst. Sei zutiefst dankbar dafür, dass du einen so gesunden Körper hast und er dir so wunderbar dient.

Massiere kreisend deinen Bauch und bedanke dich bei deinen inneren Organen, dass sie ihre wichtige Arbeit tun. Wenn du magst, bedanke dich bei jedem Körperteil, der für dich wichtig ist.

Umarme dich liebevoll und verweile ein wenig in dieser Stellung. Mach die Augen zu und genieße es, dich lächelnd zu umarmen.

Öffne nun wieder die Augen,
steh langsam auf und nimm die
Freude und die Dankbarkeit in
deinen Alltag hinein.

❦ Ich bin schön ❦

Du bist ganz ruhig und entspannt. Spüre in deinen Körper hinein: Er ist ein Wunderwerk der Natur. Voller Hingabe dient er dir tagaus, tagein bedingungslos. Wie viel Zeit widmet dir dein Körper und wie viel Zeit widmest du ihm?

Um mit deinem Körper ins Gleichgewicht zu kommen, begegne ihm mit liebevoller Achtsamkeit. Spüre, wie sehr er dir bedingungslos zur Seite steht.

Sag dir jetzt: *Lieber Körper, ich danke dir, dass du für mich da bist. Verzeih mir, dass ich dies so selbstverständlich nehme, dass ich es nicht bemerke. Ich möchte dir jetzt die Liebe wiedergeben, die du mir gibst.*

Stell dir nun vor deinem inneren Auge vor, wie du nackt vor dem Spiegel stehst. Betrachte dich liebevoll und aufmerksam von allen Seiten.

Das bist du, das ist dein Körper, den du dir gewählt hast. Dein Körper spiegelt das wider, was du ihm ununterbrochen gibst: an Gedanken, an Zuwendung und an Nahrung. Sieh dich an: Du bist schön. Auch wenn du diese Tatsache noch nicht annehmen kannst.

Betrachte das, was dir an dir selbst besonders gut gefällt – das können die Augen sein, deine Hände, deine Ohrläppchen ... Sieh diese Stelle lang an: Sag ihr: *Ich liebe dich. Du bist schön.*

Geh weiter zur nächsten Stelle, die du an deinem Körper schön findest, und sag ihr: *Ich liebe dich.* Lass deine Gefühle zu, deine Schuldgefühle, dass du dich selbst gedanklich so gering achtest. Das alles spiegelt dein Körper wider. Wie sehr wird er sich freuen, wenn er wieder die Achtung und Zuwendung bekommt, die er so sehr ersehnt! Geh in Gedanken zur nächsten Stelle, verweile dort und sag ihr: *Ich liebe dich. Du bist schön.*

Geh nun zu einer Stelle, die du sonst eher missmutig betrachtest. Die du verleugnest und versteckst. Sag ihr: *Es tut mir leid, dass ich dich so missachtet habe. Du bist mir genauso lieb wie alle anderen Stellen meines Körpers. Verzeih mir, dass ich dich vernachlässige. Ich heiße dich bei mir im Herzen willkommen und bedanke mich bei dir, dass du mir so treu zur Seite stehst. Ich liebe dich. Du bist schön.*

Geh nun zu einer weiteren Stelle, die du ungerecht behandelt hast, sag auch ihr, dass du sie liebst, und bitte sie um Verzeihung.

Wenn du so weit bist, dann sieh dir in deiner Vorstellung in die Augen. Atme dabei tief und gleichmäßig ein und aus und sag dir: *Ich liebe dich. Ich liebe dich so, wie du jetzt bist. Ich nehme dich wieder an die Hand und gehe mit dir den Weg der Achtsamkeit und Liebe. Ich verspreche, auf deine Signale zu hören, die Verantwortung für dein Aussehen zu übernehmen und darauf zu achten, dass mein Tempel meiner Seele würdig ist.*

Verneige dich vor dir. Sei voller Liebe mit deinem Körper verbunden.

Wenn du magst, kannst du zum Abschluss anfangen, deinen Körper zu dehnen und zu strecken. Erfreue dich daran, ihn immer wieder ganz bewusst zu spüren. Genieße seine Anwesenheit. Feiere dich und deinen wunderschönen Körper!

❧ Ich lasse los, was mich belastet ❧

Konzentriere dich weiterhin auf deinen Atem: Atme durch die Nase ein und durch den Mund wieder aus. Achte darauf, dass es langsam und ruhig geschieht. Einatmen und ausatmen. Einatmen und ausatmen.

Lenke nun die Aufmerksamkeit auf etwas, das du loslassen möchtest. Dies kann ein Erlebnis im Beruf sein, eine Situation in der Partnerschaft oder ein Ereignis in deiner Kindheit. Achte darauf, dass dein Atem beständig fließt, während du dieses Bild vor deinem geistigen Auge entstehen lässt.

Nimm das, was als Erstes hochkommt, denn es ist das, was am dringendsten bearbeitet werden möchte.

Lass dir Zeit. Atme tief ein und aus. Wenn du dieses Bild klar vor deinem inneren Auge siehst, dann spüre ganz tief hinein. Was fühlst du jetzt? Atme weiter ruhig ein und aus. Lass das Gefühl einfach hochkommen.

Wo in deinem Körper spürst du dieses Gefühl? Leg eine Hand auf diese Stelle und lenke deinen Atem dorthin. Atme in diese Stelle hinein. Lass alles zu, was entsteht und was auftaucht. Wut, Trauer, Scham, Schuldgefühle. Lass es zu, ohne es zu bewerten. Lass deinen Atem weiterfließen.

Wenn die Intensität deines Gefühls nachgelassen hat, betrachte die Situation. Dann tritt einen Schritt zurück – wie ein Maler von seinem Bild – und atme ruhig weiter. Gleichmäßig und fließend.

Betrachte die Szenerie und tritt noch einen Schritt zurück. Wenn dein Gefühl dies noch nicht zulassen möchte, dann atme noch einmal in die Körperstelle hinein, die mit dieser Situation verbunden ist. Ein und aus, ein und aus. Wiederhole dein innerliches Zurücktreten noch einmal und atme gleichmäßig weiter.

Sag nun zu dir selbst: *Ich lasse dieses Erlebnis los.* Wiederhole diesen Satz ruhig und gelassen. Spüre in dich hinein, was für Widerstände sich regen, und lass sie einfach vorbeiziehen: *Ich lasse dieses Erlebnis los.*

Lass dir Zeit und spür noch einmal hinein, wie sehr du dieses Erlebnis immer noch festhalten möchtest.

Sieh dir dann das Bild dieser Situation vor deinem inneren Auge noch einmal an und finde eine aktive innere Entsprechung, wie du das Bild loslassen kannst. Du kannst es mit einem dicken Rotstift ausstreichen, es komplett verblassen lassen oder es auch zerreißen. Achte darauf, dass dein Atem gleichmäßig und ruhig fließt. Atme ein, atme aus. Entscheide dich, diese Situation jetzt loszulassen.

Sag dir: *Ich lasse dieses Erlebnis los.* Wiederhole diesen Satz in deinem Rhythmus noch einmal. Noch einmal und diesmal voller Entscheidungskraft. Noch einmal und diesmal glaubhaft: *Ich lasse dieses Erlebnis los.*

Wenn das Bild nicht gleich weggehen will, weil du noch nicht vollständig loslassen magst, dann wiederhole die Übung jeden Tag so lange, bis du der Erinnerung keine Macht mehr über dich gibst.

Leg nun zum Abschluss deine Hand wieder auf den Unterbauch und atme in diese Stelle hinein. Spüre, dass du etwas Wesentliches losgelassen hast oder auf dem besten Weg dorthin bist. Genieße die Erleichterung, die das in dir auslöst.

Das Feuer der Transformation

Du bist völlig ruhig und entspannt. Dein Körper genießt es, sein Gewicht an die Unterlage abzugeben. Dein Atem fließt weiterhin ruhig ein und aus.

Stell dir nun vor deinem geistigen Auge vor, wie du auf einer sonnigen Lichtung stehst. Du fühlst dich geborgen und sicher auf dieser Lichtung.

Da siehst du, wie zu deinen Füßen eine liegende Acht entsteht. Du stehst in dem einen Kreis der liegenden Acht, der Kreuzungspunkt der liegenden Acht befindet sich vor deinen Füßen, und in den anderen Kreis der liegenden Acht stellst du in die Mitte das hinein, was du loslassen möchtest.

Das kann eine Person sein, gegen die du noch Groll hegst, jemand, dem du eine Verletzung noch nicht verzeihen magst. Es können auch Gefühle oder Erinnerungen negativer Art sein.

Lass alles bildlich vor deinem geistigen Auge entstehen. Stell dir vor, wie sich das, was dich die ganzen Jahre über belastet hat, all die negativen, belastenden Gefühle, die damit verbunden sind, in der Mitte des anderen Kreises zu einem grauen Energiegebilde verdichtet.

Du stehst in dem einen Kreis der liegenden Acht und dieses Energiegebilde steht dir im anderen gegenüber.

Atme ruhig und gelassen weiter. Stell dir nun vor, wie zwischen euch beiden, am Kreuzungspunkt, ein violettes Feuer zu lodern beginnt. Es ist das violette Feuer der Transformation, der Reinigung.

Wirf nun alles, was dich belastet, negative Gedanken, negative Gefühle, Schuldzuweisungen, Missverständnisse, alles, was dir in diesem Zusammenhang einfällt, in das violette Feuer. Es transformiert all das, was du jetzt loslässt, um dich vollkommen zu reinigen.

Blicke in das Feuer und beobachte, wie alles verbrennt. Stell dir nun vor deinem geistigen Auge vor, wie das graue, negative Energiegebilde, das dir gegenübersteht, langsam in sich zusammenfällt.

Nimm drei tiefe Atemzüge. Sammle mit jedem tiefen Einatmen das Negative, das du jetzt loslassen willst, und mit jedem heftigen Ausatmen siehst du, wie das Energiegebilde immer mehr in sich zusammenfällt, bis es schließlich beim dritten Mal völlig verschwunden ist.

Nun entscheide dich, die Verbindung zwischen den beiden Kreisen zu durchtrennen. Zähle innerlich bis drei und dann trenne am Kreuzungspunkt die Verbindung zwischen den beiden Kreisen. Wenn du das getan hast, siehst du, wie der andere Kreis verschwindet und dein eigener Kreis sich zu einem vollkommenen Lichtkreis schließt.

Stell dir nun vor, wie sich dieser Lichtkreis zu einem lichtvollen Zylinder entwickelt, der bis über deinen Kopf hinausragt. Fühle dich lichtvoll und stark. Genieße eine Weile dieses wundervolle Gefühl.

Jetzt entscheide dich, die Lichtung zu verlassen und deines Weges zu gehen. Sag dir: *Ich gehe lichtvoll meinen eigenen Weg*. Atme tief ein und aus. Dann sag voller Überzeugung zu dir: *Ich bin frei*.

Stell dir nun vor, wie dein ganzer Körper voller Licht ist. Wie durch alle Blutbahnen goldenes Licht fließt und du immer mehr Energie gewinnst. Mit jedem Atemzug hast du mehr davon. Genieße dein lichtvolles Wesen.

Wenn du dich genug aufgeladen hast, kehre ruhig und gelassen wieder in deinen Alltag zurück.

❦ *Ich lasse los und entspanne mich* ❦

Lass alle Anspannung in deinem Körper los. Lass deine Beine los, spüre, wie dein Becken schwer auf der Unterlage liegt. Dein Rücken wird schwerer und schwerer und deine Schultern liegen schwer auf der Unterlage. Spüre in deinen Körper hinein, ob du noch an irgendeiner Stelle festhältst, und wenn ja, dann atme in diese Stelle hinein.

Sag dir: *Ich lasse hiermit alle Anspannung los.* Lass diese Körperregion vollkommen entspannt und locker liegen.

Viele Verspannungen, die wir tagtäglich spüren, sind negative Erfahrungen, Worte und Erinnerungen, die sich in unserem Körper festgesetzt haben, weil wir uns nicht entschieden haben, sie loszulassen.

Stell dir nun eine unangenehme Situation aus der Vergangenheit vor. Sei achtsam und beachte dabei die Signale deines Körpers. Spüre in ihn hinein, wie er sich verhält, wenn du dir diese unangenehme Situation vorstellst. Lenke deine Aufmerksamkeit an die Stelle, die sich ganz besonders verspannt.

Atme ruhig weiter und denke dann an eine andere unangenehme Situation. Beobachte, ob sich diese Verspannung wiederholt. Mach dir den Vorgang ganz bewusst. Bleib wach und aufmerksam.

Betrachte das erste Gefühl, das in diesem Zusammenhang hochkommt. Spüre ganz bewusst hinein. Dann entscheide dich, Vergangenes vergangen sein zu lassen, und löse dich von deinen negativen Emotionen.

Sag dir: *Ich lasse alle negativen Gefühle los. Die Lernaufgabe war wichtig für mich, aber jetzt bin ich frei und mache neue Entwicklungsschritte.*

Bleib dabei wach und aufmerksam. Halte inne und erlaube dir, die Erinnerung an das Ereignis, welches die negativen Emotionen hochgeholt hat, loszulassen. Jegliches Festhalten an Ungeliebtem bindet wertvolle Lebensenergie. Erlaube dir nun, dich von der Kraft kostenden, negativen Emotion zu befreien.

Sag dir erneut: *Ich lasse alle negativen Gefühle los.*
Ich lasse alle Muster los, die mich in meiner Entwicklung hemmen.
Ich lasse alle Sorgen und Ängste los.
Ich lasse alle unliebsamen Erinnerungen los.

Erlaube dir, frei zu sein. Achte auf deine innere Stimme. Was sagt sie dir? Höre ihr aufmerksam zu. Lass sie stärker werden. Klarer. Geh in liebevollen Dialog mit dir selbst. Lass dir erzählen, wie es dir geht und was du brauchst. Höre deiner inneren Stimme liebevoll und aufmerksam zu: Was brauchst du?

Sag dir: *Ich bin in Harmonie mit mir und meinem Umfeld.*
Ich bin frei. Ich gehe meinen eigenen Weg auf meine Art und Weise.
Ich bin von liebevollen Menschen umgeben, die hinter mir stehen und mich in meiner Entwicklung unterstützen.
Ich hege ab jetzt nur noch liebevolle Gedanken über mich.
Ich lasse alles Vergangene los und gehe frei und offen meinen Weg.
Ich bin frei. Ich bin frei. Ich bin frei.
Genieße eine Weile dieses neue Gefühl.

Kehre dann langsam wieder ins Tagesbewusstsein zurück. Spüre abschließend noch einmal in deinen Körper hinein und setze diese neue Qualität in deinen Handlungen und in deiner Kommunikation um.

❧ Der Wasserfall der Reinheit ❧

Du bist ganz ruhig und entspannt. Dein Körper genießt es, loszulassen.

Stell dir nun vor deinem inneren Auge vor, wie du mitten auf einer wunderschönen, lichtdurchfluteten Waldlichtung stehst. Atme die frische Waldluft ein und entscheide dich, etwas tiefer in den Wald zu treten. Geh durch den Wald und nimm jeden Baum und jeden Strauch ganz bewusst wahr. Geh weiter und weiter, bis du das Plätschern eines Wasserfalls vernimmst.

Plötzlich öffnet sich der Wald, und vor deinen staunenden Augen befindet sich ein kleiner See, in den glitzernd der Wasserfall fällt. Das Wasser ist kristallklar und du verspürst den dringlichen Wunsch, darin zu baden.

Nun zieh dich aus und gleite in das herrlich kühle Wasser. Schwimme bis zum Wasserfall und stell dich genau an die Stelle, wo der Wasserfall auf den See trifft. Das Wasser läuft über deine Schultern … es ist wie eine erfrischende, belebende Dusche. Genieße, wie das Wasser an dir hinunterperlt, und sag dir innerlich:
*Das Wasser wäscht all meine Sorgen
und Zweifel weg.
Ich lasse alles los, was mich belastet.
Ich lasse alle veralteten Muster los.
Ich reinige mich auf allen Ebenen.
Ich entlasse mich aus der Opferrolle in alle
Richtungen der Zeit.
Ich bin klar in meinen Worten und Handlungen.
Ich fühle mich leicht und glücklich.
Ich bin gereinigt und erfahre die Welt mit
neuen Augen.*

Spüre, wie der Wasserfall alles, was
dich belastet, aus dir herauswäscht.
Bleib noch eine Weile unter ihm
stehen und entscheide dich an
einem gewissen Moment, dass
alles Alte und Ungewollte von
dir genommen wurde.

Schwimme nun zum
Ufer, steig aus dem Wasser,
trockne dich ab und kleide
dich wieder an. Bedanke dich beim
Wasserfall, dass er dir behilflich war,
dich reinzuwaschen.

Da erscheint ein wunderschöner Regenbogen, um dich zu grüßen. Atme, beschenkt von diesem Moment, die Farben des Regenbogens ein. Trag dieses Bild im Herzen auf dem ganzen Weg durch den Wald nach Hause.

Entscheide dich nun, wieder ins Tagesbewusstsein zurückzukehren. Spüre die Erleichterung und das Glücksgefühl, das dich durchströmt, weil du jetzt wieder mehr positive Energie zur Verfügung hast.

Blicke um dich und verbinde dich auf liebevolle Weise mit deiner Umgebung. Strecke und recke dich, atme ein paarmal tief ein und aus und begehe den Tag voller Leichtigkeit und Freude.

Achtsamkeit für meinen Körper

Du liegst völlig entspannt da. Dein Hals und dein Nacken sind locker und weich. Dein Unterkiefer ist locker und dein Mund ist gelöst. Atme ruhig durch die Nase ein und aus. Deine Augen und deine Stirn sind vollkommen entspannt.

Lenke nun deine Aufmerksamkeit zu den Füßen. Deine Füße sind ein wahres Wunderwerk. Sie tragen dich jeden Tag. Bewege den rechten großen Zeh. Spüre, wie klein diese Bewegung ist. Spüre, wie viele Gedanken du bündeln musst, um diese Bewegung zu vollziehen.

Strecke nun den rechten Fuß, so weit es geht. Spüre ganz in deinen Fuß hinein. Tut etwas weh? Gelingt dir das Strecken leicht und locker? Drehe nun den rechten Fuß langsam nach rechts, dann nach links. Beschreibe jeweils drei Kreise in die eine Richtung und dann drei in die andere Richtung. Spüre dein Fußgelenk und stell dir vor, dass das Gelenk frei und durchlässig ist.

Lenke deine Aufmerksamkeit nun über den rechten Unterschenkel zum rechten Knie. Hebe das Knie ganz langsam nur wenig vom Boden weg und lass es wieder sinken. Hebe und senke es ein paarmal nacheinander. Spüre in dein Knie hinein. Nimm Kontakt zu ihm auf und denke daran, dass die Energie ungehindert durch das Kniegelenk fließen kann.

Geh nun mit deiner Aufmerksamkeit über den Oberschenkel hoch zum Hüftgelenk. Spüre in dein rechtes Hüftgelenk hinein. Sende ihm bewusst das Signal, dass die Energie leicht und frei durch es hindurchfließen kann. Drehe nun das rechte Bein aus dem Hüftknochen heraus ein wenig hin und her. Spüre, wie dein Bein jetzt frei und locker ist.

Lenke nun deine Aufmerksamkeit auf den linken großen Zeh und wiederhole alles, was oben beschrieben ist, mit dem linken Fuß, Knie und Bein.

Drehe dann beide Beine aus den Hüftknochen heraus hin und her. Langsam und sehr bewusst. Spüre, wie deine Hüftgelenke frei und locker werden und die Energie ungehindert hindurchfließen kann.

Lenke nun deine Aufmerksamkeit auf den Unterbauch. Spüre, wie der Atem die Bauchdecke hebt und senkt: langsam, fließend. Spüre achtsam in deinen Bauch hinein. Stell dir vor, dass alles, was sich darin tut, in vollkommener Weise stattfindet, und bedanke dich bei deinen inneren Organen dafür.

Dann lenke deine Aufmerksamkeit auf den Brustkorb. Hole ein paarmal tief Luft und entlasse die Luft beim Ausatmen mit einem Seufzer. Beobachte achtsam, was geschieht. Spüre, wie dich eine Leichtigkeit umgibt, mit jedem Atemzug, den du entlässt.

Lass deinen Atem fließen und gleichzeitig auch neue, lichtvolle Energie deinen Körper durchströmen. Mit jedem Einatmen entscheidest du dich für mehr lichtvolle Energie und Leichtigkeit. Auch dein Kopf fühlt sich leichter und lichtvoller an. Genieße dieses Gefühl und atme gelassen weiter.

Öffne nun die Augen und strecke deinen ganzen Körper genussvoll. Setz dich langsam auf und blicke dich achtsam im Raum um. Dies alles gehört zu dir und deiner Welt. Bejahe es, indem du allem Achtsamkeit und Liebe schenkst. Genieße eine Weile die liebevolle Verbundenheit mit deinem Körper. Wenn du bereit bist, komm ins Tagesbewusstsein zurück.

Achtsamkeit für meinen Alltag

Du bist ganz entspannt und genießt es, einfach nur dazuliegen und weiterhin auf deinen Atem zu achten: einatmen, ausatmen…

Du spürst, wie dein Körper mehr und mehr Kontakt zum Boden bekommt. Geh ganz tief mit deiner Aufmerksamkeit in deinen Körper hinein. Welche Stelle hat mehr Kontakt zum Boden und welche weniger? Stell dir vor, wie dein ganzer Körper immer schwerer wird.

Nimm das, was im Moment geschieht, ganz bewusst wahr. Spüre, wie dein Rücken auf dem Boden aufliegt, spüre, wie deine Lunge sich bei jedem Atemzug weitet. Fühle, wie dein Atem fließt. Nur das ist jetzt wichtig.

Sobald dein Geist umherschweifen möchte, richte ihn auf deine Atmung. Nur diese eine Sache ist im Moment zu tun.

Lade dich ein, dich zu entspannen und einfach loszulassen. Auch dein Geist braucht Urlaub. Gib ihm die Möglichkeit, sich nur auf eine Sache zu fokussieren – auf deine Atmung…

Gedanken kommen und gehen, miss ihnen keinerlei Bedeutung bei. Nur du bist jetzt wichtig und dein Körper, der hier liegt und ganz ruhig atmet.

Lass dich vollkommen fallen, lass alles los. Deine Entspannung geht immer tiefer und tiefer… Deine Atmung fließt leicht und gleichmäßig. Das Leben ist ein fließender Prozess. Alles entwickelt sich zur rechten Zeit am rechten Ort. Bleib in deiner Mitte und vertraue darauf, dass alles, was wichtig für dich ist, zu dir kommen wird.

Durch deine Atmung kannst du deine eigene Mitte immer wieder im Körper verankern. Atme tief ein und aus und sag dir: *Ich bin in meiner Mitte. Ich begegne den Herausforderungen des Alltags mit Freude.*

Lass dies deine Affirmation des Tages sein. Eine Affirmation ist ein Satz, den du beständig wiederholst. Durch die Wiederholung kann sich diese positive Information in deinem Körper verankern.

Sag dir: *Ich bin in meiner Mitte. Ich begegne den Situationen des Alltags mit heiterer Gelassenheit.*

Probiere es aus, du wirst sehen, dass deine Energie bei dir bleibt und du am Ende des Tages immer noch viel Energie übrig hast.

Lass nun ein paar deiner Lieblingsaffirmationen durch deine Gedanken ziehen. Spüre dabei, wie diese Worte dich zufrieden und gelassen machen. Sie geben dir Energie und Kraft. Mit jedem Ausatmen lass die verbrauchte Energie los und mit jedem Einatmen tanke neue, frische Energie auf. Wiederhole diesen Vorgang so oft du möchtest, bis du das Gefühl hast, vollkommen in deiner Mitte zu sein.

Komm dann langsam wieder ins Tagesbewusstsein zurück. Nimm mit jedem Einatmen mehr von deiner Umgebung wahr. Öffne die Augen und fang an, dich ganz bewusst zu rekeln.

Setze dich achtsam und aufmerksam auf und blicke um dich. Nimm alles um dich her wahr und entscheide dich, in deiner Mitte zu bleiben. Nimm dieses gelassene Gefühl in deinen Alltag und bleib in deinen Gedanken und Handlungen liebevoll und aufmerksam.

Achtsamkeit für Veränderungen

Du liegst völlig entspannt da. Atme tief in den Unterbauch hinein, konzentriere dich weiterhin auf deinen Atem. Dann lass in dir die Bilder von einer Veränderung, die sich in deinem Leben getan hat, aufsteigen.

Nimm diese Veränderung wahr und beobachte, wie sie sich entwickelt hat. Lass dir Zeit, sie ganz genau zu betrachten. Wenn Gefühle hochkommen, dann gehe achtsam und aufmerksam mit ihnen um. Was sind das für Gefühle? Bist du traurig oder wütend? Dann weine oder schreie es jetzt heraus. Bist du glücklich und berührt, weil die Veränderung wundervoll war? Dann lächle und lass das Gefühl der Freude in dir aufsteigen.

Hol dir die Situation so detailliert wie möglich vor dein geistiges Auge. Vielleicht gab es eine Veränderung in der Arbeit. Schau genau hin: Wer war daran beteiligt? Nimm die Personen wahr und bedanke dich bei jeder einzelnen Person. Egal, ob du die Veränderung als positiv oder negativ empfindest, sag ihr: *Danke, dass du dich bereit erklärt hast, meine Veränderung zu begleiten. Du hast genau den Impuls gegeben, den ich zu meiner Weiterentwicklung gebraucht habe. Wie auch immer meine Gefühle und Gedanken über dich waren – ich sende dir Harmonie und Dankbarkeit.*

Jeder Mensch verändert sich – denn er möchte sich weiterentwickeln und entfalten. Akzeptiere diese Veränderungen und erkenne, dass alles zu deinem Besten geschieht. Sei achtsam und aufmerksam für die Bewegung deiner Seele. Dein Innerstes löst die Veränderungen aus – weil es darum geht, deine Entwicklung zu fördern.

Atme tief ein und aus und spüre, wie dein Vertrauen in das Leben wächst. Alles ist gut und richtig, so, wie es ist.

Wenn es Veränderungen in deiner Familie gab, betrachte diese Entwicklung. Lass sie vor deinem inneren Auge so detailliert wie möglich entstehen. Siehst du die Dynamik? Siehst du, dass es Muster sind, die aufeinander reagieren? Verhaltensmuster, die jeder einzelnen Person zum Leben dienen?

Stell dir jede einzelne Person deiner Familie vor und sag ihr: *Ich verstehe dich. Du handelst im besten Wissen. Ich danke dir, dass ich Teil dieses Lernprozesses sein darf und du ein wichtiger Teil dessen bist.*

Atme tief ein und aus und spüre, wie dein Vertrauen in das Leben wächst. Alles ist gut und richtig, so, wie es ist.

Veränderung ist die einzige Konstante im Leben. Alles fließt. Alles ist immer in Bewegung. Sieh dich selbst an. Du hast deine Veränderungen erfolgreich gemeistert. Nimm die Verantwortung für deine Veränderungen wahr. Du wirst sie erkennen, wenn du deine Gedanken und Handlungen achtsam beobachtest. Dann bist du verbunden mit dir und deinem Umfeld.

Sag dir: *Ich vertraue dem Fluss des Lebens. Alles dient zu meinem Besten. Veränderungen sind wundervoll – sie öffnen meine Wahrnehmung für die vielen wundervollen Möglichkeiten im Leben. Sie lassen mich lebendig sein.*
Ich bin dankbar für die Veränderungen in meinem Leben.
Es geht mir gut.
Ich bin vollkommen zufrieden.
Ich bin glücklich.

Glücklich sein

Das Meer und der Delfin

Überlasse deinen Körper der Unterlage, auf der du liegst oder sitzt, und sinke immer tiefer hinein. Spüre, wie über die Füße eine wohlige, weiche Energie lichtvoll durch jede Zelle deines Körpers strömt.

Dies ist ein so angenehmes Gefühl, dass du leise lächelst. Freude breitet sich in dir aus. Die Freude wird größer und größer, sodass du noch mehr lächelst.

Stell dir nun vor, dass du an einem wunderschönen Strand stehst. Du bist ganz allein. Nur du, der Sand und das Meer. Spüre den leichten Wind und die Sonne auf deiner Haut. Die Luft riecht salzig. Nimm ein paar tiefe Atemzüge von dieser herrlichen Luft.

Nun höre dem Rauschen des Meeres zu. Sieh, wie sich die Wellen am Strand kräuseln, wie sie deine Zehen umspielen. Der Wind fährt sanft durch dein Haar. Breite die Arme ganz weit aus und strecke dich voller Hingabe dem Meer und der Sonne entgegen.

Deine Lunge füllt sich mit der sauberen Luft. Atme tief ein und aus. Fühle, wie das Rauschen des Meeres dich beruhigt und wie dich Dankbarkeit der Natur und dem Leben gegenüber durchflutet. Spüre, wie glücklich und zufrieden dich die Schönheit und Vollkommenheit um dich her machen.

Da du ganz allein an diesem Strand bist, entkleide dich nun vollständig und geh langsam ins glasklare, warme Wasser hinein, bis es deine Brust umspült. Dann breite die Arme aus und schwimme ein paar kräftige Züge hinaus.

Spüre, wie weich und warm das Meer dich umfängt. Jede Zelle deines Körpers freut sich darüber, völlig nackt darin zu schwimmen. Fühle dich verbunden mit dem Meer, der Natur und den Elementen. Schwimme und lass dich treiben, wie es dir gefällt. Du kannst in jeder Sekunde frei entscheiden, was du tust. Genieße diese Freiheit.

Stell dir nun vor, dass du in der Ferne einen Delfin springen siehst. Das Tier ist so vollkommen und schön, dass du mit ihm zusammen schwimmen möchtest. Nimm gedanklich Kontakt zu ihm auf. Beobachte, wie es sich dir ganz vorsichtig nähert. Nun strecke die Hand aus und blicke es liebevoll an. Da geschieht etwas Wunderbares: Der Delfin legt seine Schnauze in deine Hand.

Spüre, wie dich diese Geste mit einem wonnigen Glücksgefühl erfüllt. Verbinde dich auf eine liebevolle Art und Weise mit dem Delfin und schwimme gemeinsam mit ihm hinaus. Spüre, wie du voller Vertrauen bist, dass du beschützt wirst. Schwimme ruhig und glücklich mit deinem neuen Freund, während dieser dich umtänzelt und voller Freude in die Höhe springt. Genieße dieses einzigartige Erlebnis und sei voller Dankbarkeit.

Nun ist die Zeit gekommen, euch voneinander zu verabschieden. Stell dir vor, dass der Delfin dich noch ein letztes Mal fröhlich umkreist und dann ins offene Meer hinausschwimmt. Blicke ihm voller Glück und Dankbarkeit nach. Während du zurückschwimmst, genieße, wie das Wasser deinen Körper umspielt und wie erfrischt du dadurch wirst.

Am Ufer angekommen, halte inne, um den warmen Wind deinen nassen Körper trocknen zu lassen. Genieße sein sanftes Streicheln. Dann leg deine Kleidung wieder an und danke dem Meer, das dich umarmt hat.

Öffne nun langsam die Augen und strecke deinen Körper lange und ausgiebig. Halte dieses wundervolle Erlebnis in deinem Herzen fest und nimm das Glücksgefühl, das du dabei hattest, mit in deinen Alltag hinein.

Das Glück liegt in meinem Herzen

Nimm noch ein paar weitere tiefe, entspannte Atemzüge und erlaube dir, dich eine Weile nur dir selbst zu widmen.

Lenke nun deine Aufmerksamkeit auf deine Füße. Stell dir vor deinem inneren Auge vor, wie sie von Licht durchflutet werden. Geh weiter zu den Unterschenkeln, auch sie werden von Licht durchflutet. Geh weiter über die Knie, Oberschenkel, den Unterleib, Bauchraum, Brustkorb, Hals, Kopf, das Gesicht, die Augen – das Licht durchflutet deinen ganzen Körper.

Mit jedem Atemzug atmest du mehr Licht ein. Spüre nun, wie jede Zelle deines Körpers voller Licht ist.

Lass langsam ein Bild vor deinem inneren Auge aufsteigen von etwas, wofür du dankbar bist. Vielleicht bist du dankbar für deinen Körper, weil er dir so treu dient, oder für deine Familie, weil sie dich liebt. Vielleicht bist du auch dankbar für das Wunder des Lebens an sich, für Freunde, Kinder, Arbeit, nachbarschaftliche Hilfe. Oder du empfindest Dankbarkeit für die alltäglichen kleinen wundervollen Dinge oder Begebenheiten wie ein leckeres Essen, ein freundliches Lächeln in der U-Bahn oder auf der Straße. Oder du fühlst Dankbarkeit für etwas Schönes, das dir in der Vergangenheit widerfahren ist.

Finde etwas, wofür du zutiefst dankbar bist. Halte dieses Bild vor deinem geistigen Auge fest und sag dir: *Ich danke dafür*.

Lenke die Aufmerksamkeit nun auf dein Herz. Spüre, wie die Dankbarkeit es öffnet, wie das Gefühl der Liebe und Dankbarkeit aus ihm hinausströmt und sich im ganzen Körper ausbreitet. Genieße dieses Glücksgefühl eine Weile.

Spüre, wie dein Herz offen und weich wird, wie du selbst liebevoll und weich wirst. Danke in Gedanken für alle Bilder und Begebenheiten, die in dir hochkommen.

Danke für deine Fähigkeiten,
deine Eigenschaften.
Ja, danke auch dir selbst, dass du so
wundervoll deinen Weg gehst, dich immer wieder für neue Dinge
öffnest und nicht aufgibst. Danke deinem wundervollen Wesen.

Sag dir nun: *Danke, dass ich da sein darf.*
Danke, dass ich das Wunder des Lebens mit meinen Augen betrachten darf.
Danke, dass ich liebevolle Menschen um mich habe, die mich verstehen
und in verzagten Zeiten immer wieder aufrichten.
Danke, dass meine seelische Entwicklung voranschreitet und ich beschützt bin.
Danke für alle meine Fähigkeiten.

Spüre und genieße noch eine Weile dieses Glücksgefühl, dass alles gut ist –
so, wie es ist. Es gibt nichts hinzuzufügen und nichts wegzunehmen.
Alles ist gut, so, wie es ist, und auch du darfst so sein, wie du bist.

Sag dir nun: *Ich bin glücklich – so, wie es ist.*
Ich bin bereits glücklich. Von dieser Position aus kann ich
noch glücklicher werden, wenn es denn mein Wunsch ist.
Meine Basis ist das Glück. Ich bin glücklich und zufrieden.

Spüre, wie sich diese Erkenntnis in deinem ganzen
Körper ausbreitet, wie sie dich ganz erfüllt.
Sag dir immer wieder: *Ich bin glücklich und*
zufrieden, so, wie es ist.
Mein Leben ist voller Glück. Ich bin glücklich
und dankbar, dass es so ist.

Atme dann ein paarmal tief durch. Strecke deinen Körper
und öffne die Augen. Nimm das Glücksgefühl mit in deinen
Tag und teile es mit deinem Umfeld.

Der Schatz in mir

Du bist ganz ruhig und entspannt. Konzentriere dich weiterhin darauf, deinen Atem zu beobachten, und genieße es, nichts anderes zu tun.

Stell dir nun vor deinem geistigen Auge vor, dass du mitten im Wald auf einer wunderschönen Blumenwiese stehst. Die Sonne scheint warm und der Wind streichelt dich sanft. Da siehst du auf einmal einen Schmetterling um dich herumflattern, der Kontakt zu dir aufnimmt.

Stell dir vor, wie der Schmetterling vor dir herfliegt und du ihm voller Neugier zu einem glasklaren, sprudelnden Bach folgst. Trinke von dem herrlich kühlen Wasser und spüre, wie mit jedem Schluck Energie in dich hineinströmt, wie sich neue Kraft in deinem ganzen Körper ausbreitet.

Nun stell dir vor, wie du frisch gestärkt weiter dem Schmetterling folgst, bis du auf einer wunderschönen, sonnigen Lichtung stehst. Blicke um dich und freu dich an den Sonnenstrahlen, die sich auf der Lichtung sammeln. Genieße das Licht, das dich umgibt.

Dann fällt dein Blick auf eine kleine Hütte. Das Dach ist voller Moos, ein blühender Garten umgibt das Häuschen. Die Tür steht offen ... Folge dieser Einladung und tritt ein.

Es ist niemand da. Du siehst eine Treppe, die nach oben, und eine Treppe, die nach unten führt. Entscheide dich, die Treppe nach unten zu gehen. Geh achtsam Stufe für Stufe hinab. Unten angelangt, siehst du eine weitere Tür. Auch diese steht offen.

Betritt den Raum dahinter und fühle, wie geborgen und sicher du dort bist. Genieße einen Moment dieses schöne Gefühl. In der Mitte des Raums entdeckst du eine Truhe und siehst, dass der Schlüssel im Schloss steckt.

Stell dir vor, wie du die Truhe langsam öffnest und nun den prachtvollsten und größten Schatz vor dir hast, den du dir in deinen kühnsten Träumen ausmalen kannst. Da siehst du plötzlich, dass auf der Innenseite der Truhe dein Name steht.

Spüre, wie Glück dich durchströmt, als dir bewusst wird, dass dieser Schatz dir gehört. Fühle, wie freudige Wärme sich in jeder Zelle deines Körpers breitmacht. Das ist dein Schatz – er gehört dir! Genieße eine Weile seinen Anblick.

Berühre nun die einzelnen Prachtstücke, die für dich bereitliegen. Entscheide dich, etwas davon mitzunehmen und den Rest zurückzulassen. Verschließe die Truhe wieder und stecke den Schlüssel ein. In dem Glücksgefühl, deinen Schatz gefunden zu haben, geh langsam die Treppe wieder hinauf.

Lass das Häuschen und die Lichtung hinter dir in dem tiefen Wissen, dass du immer wieder dorthin zurückkehren kannst, wenn du es wünschst. Der Schmetterling wartet bereits auf dich und umtanzt dich auf dem ganzen Weg zurück durch den Wald.

Bedanke dich für das Wunder, das dir gerade widerfahren ist. Sei dir bewusst, dass du selbst der Schatz bist. Du bist voller Kostbarkeiten. Dieser innere Reichtum steht dir die ganze Zeit zur Verfügung. Du hältst den Schlüssel in der Hand. Du kannst dich immer wieder entscheiden, dir diesen Schatz zugänglich zu machen.

Atme zum Abschluss ein paarmal tief ein und aus und komm langsam ins Tagesbewusstsein zurück. Erinnere dich während des Tages an dein Glück und dass du den Schlüssel zu deinem Schatz in Händen hältst.

Körperliebe

✥ Mein lichtvoller Körper ✥

Dein Körper ist völlig entspannt, genieße die Ruhe, die du dabei empfindest.

Stell dir nun vor, wie du barfuß allein auf einer sonnigen Lichtung stehst. Du lauschst den Geräuschen des Waldes. Von fern hörst du das Plätschern eines Baches. Eine leichte Brise umspielt deinen Körper. Du wendest dein Gesicht der Sonne zu und genießt die Wärme.

Nun stell dir vor, wie aus deinen Füßen heraus lichtvolle Energie nach unten in die Erde fließt. Die Lichtwurzeln verzweigen sich, bahnen sich ihren Weg zum Mittelpunkt der Erde und verbinden sich mit ihm.

Als Nächstes spürst du, wie diese kraftvolle Energie vom Erdmittelpunkt über die Füße in deinen Körper aufsteigt. Fühle, wie sie sich warm und wohlig von den Füßen her in deinem ganzen Körper ausbreitet.

Die lichtvolle Energie umschmeichelt deine inneren Organe, du spürst dieses Prickeln so stark, dass du zu lächeln beginnst. Dein Lächeln breitet sich aus, denn diese liebevolle und lichtvolle Energie fließt weiter durch deinen Körper bis in die Fingerspitzen. Dort tritt sie wieder aus und strahlt weiter und weiter …

Nun fließt die lichtvolle Energie über deinen Hals in den Kopf und beim Scheitel hinaus. Sie fließt weiter nach oben, bündelt sich und verbindet sich mit dem Himmel.

Da stehst du nun, und aus deinen Händen, Füßen und dem Kopf fließen lichtvolle Strahlen. Du bist verbunden mit Mutter Erde und Vater Himmel – du bist die Mitte. Die lichtvolle Energie fließt frei von unten nach oben und von oben nach unten.

Stell dir nun vor, wie die lichtvolle Energie in deiner Körpermitte um den Bauchnabel herum eine strahlende Sonne bildet. Diese Sonne, die aus Kraft, Stärke und Selbstvertrauen besteht, pulsiert rhythmisch nach außen.

Dein ganzer Körper pulsiert in dieser lebendigen Energie. Sag nun zu dir:
Ich bin in Harmonie mit allem, was ist.
Ich bin verbunden mit meiner innersten Kraft und Weisheit.
Ich bin durchflutet von Licht und Liebe.
Ich habe alle Kraft zur Verfügung, um mein Leben aufrecht zu leben.
Mein Selbstvertrauen wächst mit jedem Tag.
Ich bin strahlend schön.
Ich bin liebenswert.
Ich liebe mich und werde geliebt.
Das, was ich zu geben habe, ist einmalig und schön.
Ich lebe gern. Ich umarme das Leben und das Leben umarmt mich.
Mein Licht strahle ich in jeden Raum hinein, den ich betrete.
Mein Umfeld unterstützt mich liebevoll in meiner Veränderung.
Ich bin und bleibe verbunden mit dem Wissen um meine Einzigartigkeit.

Atme ruhig und gelassen ein und aus und lass die Worte ein wenig in dir nachklingen. Dann sag dir:
Jede Zelle meines Körpers ist vollkommen und schön.
Jede Zelle meines Körpers ist pulsierende, liebevolle Lichtenergie.
Ich liebe mich selbst so, wie ich bin.
Wenn ich etwas an mir verändern mag, dann tue ich es im liebevollen Einklang mit mir selbst.
Ich strahle die Freude über meinen vollkommenen Körper deutlich aus.
Ich liebe jede Zelle meines Körpers.

Genieße dieses Gefühl von liebevoller Verbundenheit mit dir und allem, was ist. Jedes Mal, wenn du dich nun betrachtest, dann siehst du, wie schön deine Ausstrahlung ist, wie charismatisch du bist und wie wundervoll du auf andere Menschen wirkst.

❦ Dankbarkeit für meinen Körper ❦

Du bist völlig entspannt, deine Wahrnehmung ist ganz nach innen gerichtet.

Stell dir nun vor, du bist an deinem Lieblingsort – an einem schönen Strand, an einem See oder in den Bergen.

Lass den Blick schweifen. Du siehst all das Schöne, das dich umgibt. Du lässt alle Anspannung los, atmest tief und gelassen und genießt die Harmonie und das perfekte Zusammenspiel der Schöpfung.

Du weißt, dass dein Körper ein Teil dieser Schöpfung ist. Er ist ein wundervolles Geschenk des Lebens an dich. Er dient dir und ist das Resultat deiner bisherigen Entscheidungen. Du weißt, dass du deinen Entscheidungen immer eine neue Richtung geben kannst.

Wende deine Aufmerksamkeit nun den Füßen zu. Sag ihnen: *Ich danke euch, dass ihr mich durchs Leben tragt. Ich werde mehr Achtsamkeit auf euch legen.*

Geh weiter zu den Knien. Sag ihnen: *Ihr seid Dreh- und Angelpunkte meiner Bewegungen, genauso wie alle anderen Gelenke meines Körpers, die mir meine Flexibilität ermöglichen. Ich danke euch dafür.*

Geh weiter zu den Hüften. Sag ihnen: *Ihr geht und steht mit mir, wann immer es mir beliebt. Ich danke euch dafür.*

Lenke deine Aufmerksamkeit jetzt auf den Bauch: *Danke, dass du alle Nahrung aufnimmst und auch alle meine Gefühle verdaust. Ich danke dir für das vollkommene Zusammenspiel mit meinen Organen. Sie arbeiten perfekt miteinander und nehmen das auf, was sie brauchen, und geben das ab, was überflüssig ist.*

Geh weiter zur Lunge: *Danke, dass du mir so hingebungsvoll dienst und den Hauch des Lebens in alle Bereiche meines Körper schickst.*

Spüre in dein Herz: *Danke für deine Arbeit. Ich liebe dich, wie ich auch meinen vollkommenen Körper liebe. Ich bin in Harmonie mit mir und der Schöpfung.*

Konzentriere dich auf deine Hände und Finger: *Danke, dass ihr für mich genau das tut, was ich will und brauche.*

Geh weiter zum Kopf: *Danke, dass du alle Informationen aufnimmst und dorthin weiterleitest, wo sie gebraucht werden. Meine Hormone werden zur richtigen Zeit ausgesandt und auch alle anderen Funktionen sind in vollkommener Harmonie miteinander.*
Danke, Mund. Meinen Respekt vor allem Leben schicke ich mit liebevollen Worten in die Welt.
Danke, Augen. Ich sehe durch euch meine vollkommene Schönheit.
Danke, Ohren. Ihr hört alle Informationen klar und deutlich, sodass ich mich entscheiden kann, was ich aufnehme und was nicht.
Danke, Nase. Du lässt mich die Gerüche wahrnehmen und zusammen mit dem Geschmackssinn die optimalen Nahrungsmittel für mich auswählen.

Sag dir nun: *Lieber Körper, ab jetzt höre ich auf deine Signale, ich kann sie deutlich wahrnehmen und handle so, wie es mir guttut.*
Ich nehme genau die Nahrung auf der Körperebene auf, die ich brauche.
Auf der emotionalen Ebene höre ich darauf, was mein Herz und meine Intuition mir sagen. Ich bin im Einklang mit mir und meinem Umfeld. Ich fühle mich wohl und geborgen.
Ich erkenne meine selbstregulierenden Kräfte an.
Ich bin schlank und schön.
Ich bin begehrenswert.

Spüre in dich hinein, wie diese Affirmationen immer mehr zu deiner Überzeugung werden. Freu dich darüber, dass du mit deinem Körper kommunizierst, und bleib liebevoll mit ihm verbunden.

❧ *Ich bin leicht* ❧

Konzentriere dich weiterhin auf deinen Atem. Du bist entspannt und bei dir.

Stell dir nun vor, dass du dich an einem geschützten Ort voller Geborgenheit befindest. Du stehst vor dir selbst und betrachtest dich liebevoll. Du siehst deinen Körper ganz genau an und erkennst mit klarem Blick, was du an ihm ändern magst.

Sieh dir nun in die Augen und gib dir selbst das Versprechen, dich ab jetzt liebevoll zu behandeln. Sag dir: *Ich behandle mich ab jetzt für immer liebevoll in Worten, Gedanken und Taten.*

Dein Körper ist das Ergebnis deiner bisherigen Aussagen, Gedanken und Taten. Willst du es anders haben, wirst du andere Worte, Gedanken und Taten wählen als bisher. Du weißt tief in dir, warum du dein jetziges Gewicht erreicht hast. Diese Gründe kannst du jetzt loslassen. Sag dir: *Ich lasse alle alten Glaubenssätze über mich und meinen Körper los.*

Spüre in dich hinein, atme ruhig und gelassen, beobachte, wo in deinem Körper diese Glaubenssätze noch hängen geblieben sind. Leg eine Hand auf die Stelle, die sich nach wie vor blockiert anfühlt.

Sag dir: *Ich lasse alles los, was mich belastet.*
Ich bin frei zu entscheiden, wie mein Körper aussehen soll.
Ich erlaube mir, das Gewicht zu haben, das mir guttut.
Es ist mein Körper und ich nehme ihn als Geschenk an.
Ich verwende die kostbare Energie, die ich bisher verbraucht habe,
um mich mit anderen zu vergleichen, nun ausschließlich für mich.

Sieh dir in die Augen und fang an, dich für dich und deinen Körper zu begeistern. Du kannst im Rahmen deiner Möglichkeiten sehr viel mehr umsetzen, als du es bis jetzt getan hast.

Sieh dich an und sag dir: *Ich bin in Ordnung, so, wie ich bin.*
Ich lasse alle alten Meinungen und Gedanken über Scham und Schuld los.
Ich bin befreit und unabhängig in meinem Denken und Fühlen.
Ich bin innerlich und äußerlich schön.
Meine Ausstrahlung findet große Anerkennung in meinem Umfeld.

Sieh dich weiterhin an und lass all deine Ängste der Reihe nach vor deinem geistigen Auge auftauchen. Bedanke dich bei ihnen, dass sie deine Lehrmeister waren. Sag ihnen: *Jetzt lasse ich alle überflüssigen Ängste und Sorgen los. Ich erlaube mir, leicht und frei zu sein.*

Sieh dich weiterhin an und stell dir vor, wie du nacheinander alle Schichten deiner bisherigen Gedanken über Scham, Schuld, Ängste, Sorgen wie eine alte Kleidung abstreifst. Lass dir Zeit. Beobachte dich dabei, wie du eine Schicht nach der anderen „auszieht" und ablegst.

Sag dir: *Ich bin frei, ich bin erlöst, ich bin im Denken und Handeln schlank.*
Ich bin liebevoll mit mir verbunden und gehe mit mir den Weg der Leichtigkeit.
Ich erlöse mich von meinem seelischen Ballast und erlaube damit auch meinem Körper, leichter zu sein.
Ich bin leicht – ich bin frei – ich bin schlank.

Sieh dich voller Begeisterung und Liebe an und sag dir wiederholte Male: *Ich bin leicht – ich bin frei – ich bin schlank.*

Nimm diese tiefe Selbstliebe mit in den Alltag hinein. Bleib weiterhin mit deinem Körper verbunden. Er gibt dir klare Signale, was er an liebevoller Unterstützung von dir braucht.

Mehr Erfolg

Der Weg des Erfolges

Du bist ganz entspannt und genießt es, nur auf deinen Atem zu achten.

Stell dir nun vor, wie du am Anfang einer prachtvollen Allee stehst. Entschließe dich, sie entlangzugehen. Deine Aufmerksamkeit ist auf den Weg gerichtet und du nimmst die Geräusche und Farben um dich her mit allen Sinnen wahr.

Der Weg schlängelt sich nun einen Berg hinauf. Während du die leichte Steigung nach oben gehst, erscheint rechts vom Weg all das, wofür du bisher gearbeitet hast: dein Haus oder deine Wohnung, dein Auto, all dein Eigentum … Dankbar betrachtest du dieses Bild. Sag dir: *Das habe ich gut gemacht. Danke, dass meine Existenz gesichert ist.*

Geh weiter den Berg hinauf. Atme gelassen ein und aus. Da siehst du am Wegrand deine Beziehungen: deine aktuellen und vergangenen Lieben, deine Freunde, Bekannten und Verwandten. Alle strahlen dich an – blicke voller Liebe zurück. Freu dich darüber, dass du fähig bist, Liebe zu erwidern.

Der Weg wird nun etwas steiler, behalte deinen Atemrhythmus bei. Sieh dich jetzt selbst am Wegrand, wie du voller Selbstvertrauen dein Leben organisierst, wie du dich klar abgrenzen kannst. Das Leben unterstützt dich und du nimmst dir den Raum, den du brauchst. Sag dir: *Ich bin in meiner Mitte.*

Schließlich kommst du auf eine wunderschöne Lichtung. Halte dort inne und genieße den Frieden um dich her. Verbinde dich mit deinem Herzen und spüre die Dankbarkeit und Freude über die Fülle, die dich umgibt. Du bist ein Teil davon. Sag dir: *Ich bin in Harmonie mit mir und der Schöpfung. Ich liebe mich und das Leben.*
Ich umarme mich in Liebe und bin auch mit meinen Mitmenschen auf liebevolle Weise tief verbunden.

Wenn du in deinem Herzen noch etwas Belastendes trägst, dann lass nun alle Gefühle los, die damit zusammenhängen. Atme ein paarmal tief ein und aus und lass es in Liebe gehen.

Geh den Berg weiter hinauf. Dein Schritt ist heiter und leicht. Da erscheint der Anteil von dir, der kreativ ist. Sieh dich, wie du malst, singst, tanzt oder Ideen in die Welt bringst. Du hast große Lust, etwas zu erschaffen. Oder das Erschaffene zu erweitern. Nimm die Impulse und die Inspiration auf deinem weiteren Weg mit dir.

Spüre, während du weitergehst, wie sich alles in dir fügt. Deine bisherigen Erlebnisse, Erfahrungen, Entscheidungen, deine Persönlichkeitsentwicklung und deine Erinnerungen. Spüre, wie du immer vollständiger und kraftvoller wirst. Du weißt, dass alles zu deinem Besten geschah – genau so sollte es sein. Diese Erkenntnis erfüllt dich mit großem inneren Frieden.

Nun kommst du auf der Spitze des Berges an. Betrachte deinen Weg durch die Allee und sieh dir all das Gewesene an. Dein Leben ist voller Reichtum an Erfahrungen, Erinnerungen und Erlebnissen. All das hat dich zu der Persönlichkeit geformt, die du jetzt bist. Spüre, dass du dein Leben erfolgreich gelebt hast und fähig bist, dies auch weiterhin zu tun und weiterzuentwickeln.

Atme nun ein paarmal tief ein und aus. Nimm deinen Körper wahr, deine Verbindung zur Erde und zum Kosmos und lass deine Visionskraft ein strahlendes Bild deiner Zukunft malen. Bleib eine Zeit lang in dieser Vision, bis du wieder ins Tagesbewusstsein zurückkehren magst.

Meine innere Weisheit

Du bist ruhig und entspannt und genießt es, ganz bei dir zu sein.

Stell dir nun vor deinem geistigen Auge vor, wie du allein auf einem Berggipfel sitzt. Genieße den Anblick der Wolken, der Sonnenstrahlen und des lieblichen Tals, das zu deinen Füßen liegt.

Dann öffne ganz bewusst dein Kronenchakra in der Mitte des Scheitels und lass die Sonnenstrahlen über den Kopf durch deinen ganzen Körper fluten.

Spüre, wie du Kontakt zu deinem höheren Selbst aufnimmst, und bade in dem Licht göttlicher Liebe. Es ist, als ob du nach langer Zeit einen geliebten Menschen wiedersiehst und umarmst.

Das Licht und die Liebe durchfluten jede Zelle deines Körpers – bis zum Basischakra, welches sich am Steißbein befindet. Lass das Licht durch dich hindurchfließen, durch das Basischakra hindurch, durch den Berg hindurch bis zum Mittelpunkt der Erde.

Fühle, wie du jetzt mit allem vollkommen verbunden bist. Die Energie und alle Informationen, die wichtig für dich sind, erreichen dich zur rechten Zeit. Das Licht und die Liebe, die du spürst, gelten dir. Du darfst sie bedenkenlos annehmen.

Sag dir jetzt innerlich: *Ich bin voller Urvertrauen.*
Ich vertraue dem Leben.
Es wird für mich gesorgt. Alles dient zu meinem Besten.
Ich vertraue darauf, dass ich alles bekomme, was ich für
mein seelisches und körperliches Wohlbefinden brauche.
Ich bin beschützt.
Meine höhere Führung begleitet mich auf allen meinen Wegen.
Ich vertraue auf meine innere Weisheit.

Betrachte die Schönheit der Berge und der Natur um dich her, fühle, wie deine Seele aufatmet, wie sie von tiefer Freude erfüllt ist. Spüre mit jeder Faser deines Seins die Hingabe an die innere Weisheit.

Du bist umgeben von Geborgenheit und Liebe. Lass deinen Blick über die Berge, die Seen, die Täler und die Wolken schweifen. Sieh, wie die Sonnenstrahlen auf die Erde treffen, und fühle, wie dich die Gewissheit durchströmt, dass alles göttlich ist, was dich umgibt. Auch du bist göttlich. Du bist in der Schöpfung und die Schöpfung ist in dir. Deine Gedanken sind in diesem Moment von großer Klarheit erfüllt.

Sag dir: *Ich vertraue mir und dem Leben.*
Ich bin verbunden mit allem Sein.

Sei dir der nächsten Schritte, die du ab jetzt gehen willst, bewusst, und voller Vorfreude, all deine Vorhaben umsetzen zu dürfen.

Tanke jetzt so viel Licht und Energie, wie du brauchst, um voller Zuversicht und Energie wieder ins Tagesbewusstsein zurückzukehren. Öffne dann langsam die Augen, strecke achtsam deinen Körper aus, atme ein paarmal tief durch und geh voller Vertrauen und Freude in den Tag.

~ Meine Freiheit spüren ~

Du bist ganz entspannt. Achte weiterhin nur auf deinen Atem und die Ruhe, die sich allmählich in dir ausbreitet.

Stell dir nun vor deinem inneren Auge vor, wie du auf einem Berg stehst. Schau dich um und genieße den freien Blick, den du von dort ins Tal hast. Atme die frische Luft tief und gleichmäßig ein und aus, sodass deine Lungen sich weiten. Genieße die zarte Brise, die dich umgibt.

Du verspürst große Lust, wie die Vögel, die über dir ihre Kreise ziehen, zu fliegen. In diesem Moment schwebt ein majestätischer Adler langsam zu dir herab. Er betrachtet dich neugierig. Nimm mit ihm in deinem Herzen Kontakt auf und spüre, wie er sich freut, dass du dich mit ihm verbunden hast.

Sag zu ihm: *Ich liebe dich als einen Teil der Schöpfung, genauso wie ich mich liebe. Ich erkenne den göttlichen Teil der Schöpfung in dir genauso, wie ich meinen göttlichen Anteil der Schöpfung in mir sehe.*
Ich bin eins mit dir. Du bist eins mit mir.

Der Adler versteht dich intuitiv und du weißt, dass du mit ihm auf der Herzensebene kommunizieren kannst. Folge ihm voll Vertrauen, indem du dich in die Tiefe fallen lässt und anfängst, zu fliegen. Spüre, wie stark deine Flügel sind, wie mühelos sie dich tragen.

Ein großes Glücksgefühl durchströmt dich, wie du so deine Kreise in der warmen Luft ziehst, denn du fühlst, dass du eins wirst mit dir und der Schöpfung.

Kreise nun über der Landschaft unter dir und denke an ein Problem, das dich schon eine ganze Weile beschäftigt und dich hemmt. Stell dir vor, dass es ebenfalls dort unten ist. Schau es dir ganz entspannt aus deiner erhabenen Perspektive an und spüre, wie gut dir der Abstand tut.

Spüre, wie du durch diesen Abstand das Gefühl von Souveränität bekommst. Die Lösung entsteht durch das gelassene Beobachten. Du erkennst, dass innerhalb jeder Situation die Lösung bereits verborgen liegt – auch wenn sie für das Auge erst einmal unsichtbar ist.

Atme weiterhin tief und entspannt ein und aus und erlaube dir, die Lösung deines Problems klar wahrzunehmen. Genieße eine Zeit lang diese Freiheit und Klarheit. Ziehe ruhig deine Kreise und beobachte nur.

Langsam wird es Zeit, wieder auf die Erde zurückzukommen. Verabschiede dich von deinem Freund, dem Adler, und komme erfüllt von dem Gefühl der Klarheit und Zuversicht langsam ins Tagesbewusstsein zurück. Mit jedem Einatmen bist du bewusster im Hier und Jetzt.

Recke und strecke dich achtsam und öffne langsam die Augen. Schau nun mit klarem, liebevollem Blick um dich und nimm Kontakt mit deiner Außenwelt auf. Geh dann voller Zuversicht und Vertrauen in den Tag.

Die Autorin

Michaela Merten ist als Bestsellerautorin und Schauspielerin bekannt. Seit über 25 Jahren ist sie eine feste Größe in den Medien und wurde 1999 zur beliebtesten Schauspielerin Deutschlands gewählt. Sie befasst sich seit vielen Jahren mit Naturheilkunde, dem Thema Wasser, und ist gefragte Expertin in Sachen Gesundheit, Nachhaltigkeit, Ernährung und Prävention.

Vorträge, Seminartermine und Kontakt unter: **www.michaela-merten.de**

Impressum

© der deutschen Ausgabe 2014 by Irisiana Verlag, einem Unternehmen der Verlagsgruppe Random House GmbH, 81637 München

Die Verwertung der Texte, auch auszugsweise, ist ohne Zustimmung des Verlags urheberrechtswidrig und strafbar. Dies gilt auch für Vervielfältigungen, Übersetzungen, Mikroverfilmung und für die Verarbeitung mit elektronischen Systemen.

Verlagsgruppe Random House FSC® N001967
Das für dieses Buch verwendete FSC®-zertifizierte Papier *Profisilk* liefert Sappi, Ehingen.

Projektleitung: Nikola Hirmer

Redaktion:
Angela Hermann-Heene, München

Satz: Knipping Werbung GmbH, Berg am Starnberger See

Innenlayout: Guter Punkt GmbH & Co. KG, Andrea Barth, München

Korrektorat: Susanne Schneider

Umschlaggestaltung und Konzeption:
Geviert – Büro für Kommunikationsdesign, München

Bildnachweis:
Cover: Shutterstock;
Fotos Innenteil: Michaela Merten;
Foto S. 80/81: Pierre Franckh

Druck und Bindung:
Těšínská tiskárna,
Český Těšín

Printed in Czech Republic

ISBN 978-3-424-15233-3

1. Auflage 2014